Tradit

MW01657250

Chansons françaises de jadis

EDITIONS JEAN-PAUL GISSEROT

Imprimé et façonné par POLLINA S.A. 85400 LUçON N° L55716
Imprimé en France

Chansons françaises de jadis : chansons de la terre

A la claire fontaine

1
A la claire fontaine
M'en allant promener,
J'ai trouvé l'eau si belle
Que je m'y suis baignée .
Il y a longtemps que je t'aime,
Jamais je ne t'oublierai .

2
Sous les feuilles d'un chêne
Je me suis fait sécher ;
Sur la plus haute branche
Le rossignol chantait.

3
Chante, rossignol, chante,
Toi qui as le cœur gai,
Tu as le cœur à rire...
Moi je l'ai à pleurer !

4
C'est pour mon ami Pierre
Qui ne veut plus m'aimer,
Pour un bouton de rose
Que je lui refusai.

5
J'ai perdu mon ami ,
Sans l'avoir mérité,
Pour un bouquet de roses
Que je lui refusai .

A la pêche aux moules

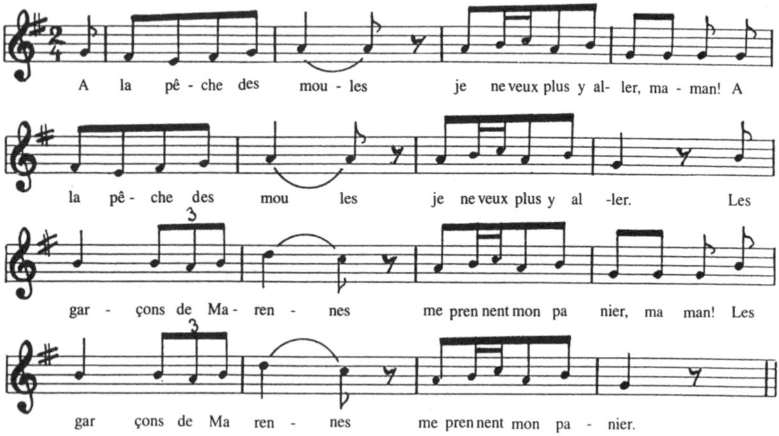

A la pêche des moules
Je ne veux plus y aller,
Màmàn! (*bis*)

Les garçons de Marennes
Me prennent mon panier.
Màman! (*bis*)

Quand un'fois ils vous tiennent
Sont-ils de bons enfants,
Màmàn! (*bis*)

Ils vous font des caresses,
Des petits compliments,
Maman! (*bis*)

Au clair de la lune

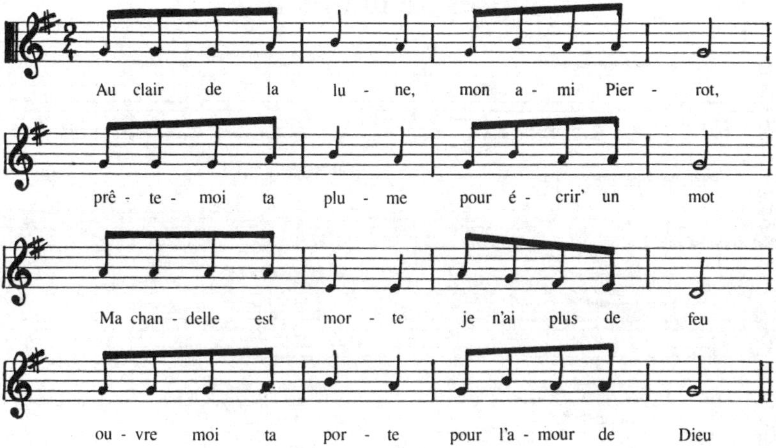

1
Au clair de la lune
Mon ami Pierrot
Prête-moi ta plume
Pour écrire un mot.
Ma chandelle est morte
Je n'ai plus de feu
Ouvre-moi ta porte
Pour l'amour de Dieu.

2
Au clair de la lune
Pierrot répondit :
Je n'ai pas de plume
Je suis dans mon lit.
Va chez la voisine,
Je crois qu'elle y est,
Car dans la cuisine
On bat le briquet.

3
Au clair de la lune,
L 'aimable Lubin
Frappe chez la brune,
Ell'répond soudain :
"Qui frapp'de la sorte."
Il dit à son tour :
"Ouvrez votre porte,
Pour le dieu d'amour."

4
.Au clair de la lune,
On n'y voit qu'un peu.
On cherche la plume,
On cherche du feu.
En cherchant d 'la sorte ,
Je n'sais c 'qu'on trouva
Mais je sais qu'la porte
Sur eux se r'ferma.

Auprès de ma blonde

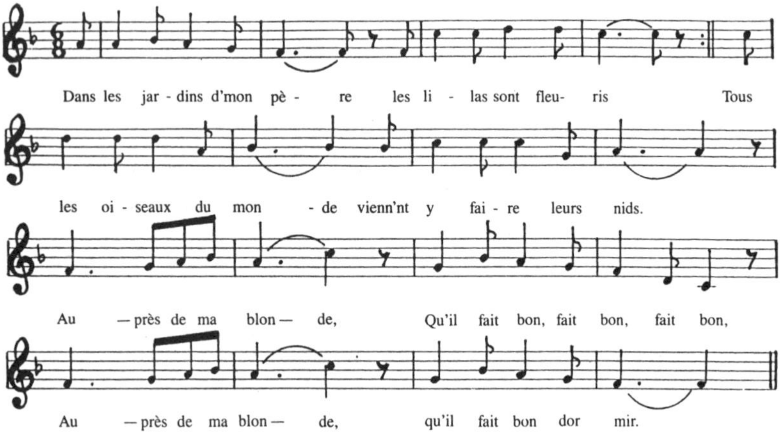

1
Dans les jardins d'mon père
Les lilas sont fleuris ; (*bis*)
Tous les oiseaux du monde
Vienn'nt y faire leurs nids.

Refrain
Auprès de ma blonde
Qu'il fait bon, fait bon, fait bon:
Auprès de ma blonde
Qu 'il fait bon dormir.

2
Tous les oiseaux du monde
Vienn'nt y faire leurs nids ; (*bis*)
La caill', la tourterelle
Et la joli'perdrix.

3
... Et ma joli'colombe
Qui chante jour et nuit.

4
… Qui chante pour les filles
Qui n'ont pas de mari.

5

... Pour moi ne chante guère
Car j ‘en ai un joli.

6

… “Dites-nous donc la belle
“Où donc est votr’mari ?

7

... Il est dans la Hollande
Les Hollandais l’ont pris.

8

… Que donneriez-vous belle
Pour avoir votre ami ?

9

… Je donnerai Versailles
Paris et Saint-Denis.

10

… Les tours de Notre-Dame,
Et l’clocher d’mon pays.

11

… Et ma blanche colombe
Qui l’attend jour et nuit.

(*On reprendre toujours, en les doublant, les deux derniers vers du couplet précédent.*)

Cadet Rousselle

2
Cadet Rousselle a trois habits (bis)
Deux jaunes, l'autre en papier gris (bis)
Il met celui-là quand il gèle
Ou quand il pleut et quand il grêle,
Ah! Ah! etc...

3
Cadet Rousselle a trois beaux yeux (bis)
L'un r'garde à Caen, l'autre à Bayeux (bis)
Comme il n'a pas la vue bien nette,
Le troisième c'est sa lorgnette,
Ah ! Ah! etc...

4
Cadet Rousselle a une épée (bis)
Très fine, mais toute rouillée (bis)
On dit qu'ell'n'est ni longu'ni belle,
C'est pour fair'peur aux hirondelles
Ah! Ah! etc...

5
Cadet Rousselle a trois souliers (bis)
Il en met deux à ses deux pieds (bis)
Le troisièm'n'a pas de semelle,
Il s'en sert pour chausser sa belle,
Ah! Ah! etc...

6
Cadet Rousselle a trois cheveux (bis)
Qui tombent toujours dans ses yeux (bis)
Et pour imiter la jeunesse,
Il les met tous les trois en tresse,
Ah! Ah! etc...

7
Cadet Rousselle a trois garçons (bis)
L'un est voleu, l'autre est fripon (bis)
Le troisième est un peu ficelle
Il ressemble à Cadet Rousselle
Ah! Ah! etc..

8
Cadet Rousselle a trois gros chiens (bis)
L'un court au lièvre, l'autre au lapin (bis) L'troisièm's'enfuit quand on l'appelle,
Comm'le chien de Jean de Nivelle
Ah! Ah! etc...

9
Cadet Rousselle a marié (bis)
Ses trois filles dans trois quartiers (bis)
Les deux premièr's ne sont pas belles,
La troisièm'n'a pas de cervelle,
Ah! Ah! etc...

10
Cadet Rousselle a trois deniers (bis)
C'est pour payer ses créanciers (bis)
Quand il a montré ses ressources,
Il les remet dedans sa bourse,
Ah ! Ah! Etc…

11
Cadet Rousselle ne mourra pas (bis)
Car avant de sauter le pas (bis)
On dit qu'il apprend l'orthographe,
Pour fair'lui-même son épitaphe.
Ah! Ah! etc…

Ce n’est qu’un au revoir

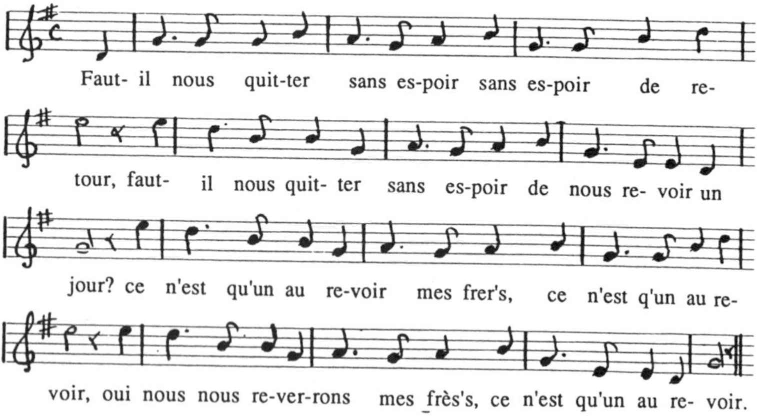

1
Faut-il nous quitter sans espoir,
Sans espoir de retour.
Faut-il nous quitter sans espoir
de nous revoir un jour.
Ce n’est qu’un au revoir, mes frères
Ce n’est qu’un au revoir.
Oui , nous nous reverrons , mes frères ,
Ce n’est qu’un au revoir.

2
Formons de nos mains qui s’enlacent
Au déclin de ce jour (1)

3
Formons de nos mains qui s’enlacent
Une chaîne d’amour.

(1) Ou : *Au matin de ce jour. Au milieu de ce jour.*

4
Car l’amitié qui nous rassemble
Et qui sut nous unir
Car l’amitié qui nous rassemble
Saura nous réunir.

Chevaliers de la Table Ronde

2
S'il est bon , s'il est agréable
J'en boirai jusqu'à mon plaisir .
(*bis*)
J'en boirai , oui , oui, oui , etc.

3
J'en boira cinq à six bouteilles
Une femme sur mes genoux.
(*bis*)
Une femme , oui , oui , oui , etc.

4
Pan, pan, pan, qui frappe à la porte ?
Je crois bien que c'est son mari.
(*bis*)
Je crois bien, oui, oui, oui, etc.

5
Si c'est lui, que le diabl'l'emporte
De venir troubler mon plaisir.
(*bis*)
De venir, oui, oui, oui, etc.

6
Si je meurs, je veux qu'on m'enterre
Dans la cave où y a du bon vin.
(*bis*)
Dans la cave, oui, oui, oui, etc.

7
Les deux pieds contre la muraille
Et la têt'sous le robinet. (*bis*)
Et la tête, oui, oui , oui , etc.

8
Sur ma tomb'je veux qu'on inscrive
" Ici gît le roi des buveurs. " (*bis*)
Ici gît, oui, oui, oui , etc.

Fanchon

Refrain

Ah ! que son entretien est doux,
Qu'elle a de mérite et de gloire.
Elle aime à rire, elle aime à
boire,
Elle aime à chanter comme nous,
Elle aime à rire, elle aime à
boire,
Elle aime à chanter comme nous,
Elle aime à rire, elle aime à
boire,
Elle aime à chanter comme nous,
Oui comme nous.

Il pleut, bergère

1
Il pleut, il pleut, bergère!
Presse tes blancs moutons,
Entends-tu le tonnerre?
Bergère, vite allons !
J'entends sur le feuillage
L'eau qui tombe à grand bruit ;
Fuyons, fuyons l'orage;
Voici l'éclair qui luit.

2
Courons, courons, bergère!
Vois-tu briller là-bas
Le toit de ma chaumière?
Il nous abritera;
Voici notre cabane,
La porte va s'ouv rir ;
Ma mère et ma sœur Anne
Viendront nous accueillir.

3
Bonsoir, bonsoir, ma mère.
Ma sœur Anne, bonsoir;
J'amène la bergère
Près de vous pour ce soir.
Qu'on mène dans l'étable
Ses brebis, ses agneaux ;
Et mettons sur la table
Laitage et fruits nouveaux.

4
On soupe, on rit, on chante,
L'orage s'est calmé;
Une amitié touchante
Unit ces cœurs charmés.
Bientôt la bergerette,
Lasse, et fermant les yeux,
S'endort dans sa chambrette
Et fait un rêve heureux.

Jeanneton prend sa faucille

1
Jeanneton prend sa faucille
Larirette , Larirette ,
Jeanneton prend sa faucille
Pour aller couper les joncs. (*bis*)

2
En chemin, elle rencontre
Larirette, Larirette,
En chemin, elle rencontre
Quatre jeun's et beaux garçons. (*bis*)

3
Le premier, un peu timide
Larirette , Larirette ,
Le premier, un peu timide
Lui chatouilla le menton. (*bis*)

4
Le deuxième un peu moins sage
Larirette, Larirette,
Le deuxième un peu moins sage
La coucha sur le gazon. (*bis*)

5
Le troisième, encor'moins sage
Larirette, Larirette,
Le troisième, encor'moins sage
Lui soul'va son blanc jupon. (*bis*)

6
Ce que fit le quatrième
Larirette, Larirette,
Ce que fit le quatrième
N'est point dit dans la chanson. (*bis*)

7
Si vous le saviez, Madame,
Larirette , Larirette ,
Si vous le saviez, Madame
Vous iriez couper du jonc ! (*bis*)

La mère Michel

1
C'est la mèr'Michel
qui a perdu son chat
Qui cri'par la fenêtre
à qui le lui rendra.
C'est le pèr'Lustucru
Qui lui a répondu :
“ Allez, la mèr'Michel
vot'chat n'est pas perdu. ”

refrain
Sur l'air du tra la la la
Sur l'air du tra la la la
Sur l'air du tra de ri de ra
et tra la la

2
C'est la mèr'Michel
qui lui a demandé :
“ Mon chat n'est pas perdu!
Vous l'avez donc trouvé? ”
Et le pèr'Lustucru
qui lui a répondu :
“ Donnez une récompense.
il vous sera rendu. ”

3
Et la mèr'Michel
lui dit : “ c'est décidé! ”
Si vous rendez mon chat
vous aurez un baiser. ”
Mais le pèr'Lustucru
qui n'en a pas voulu
Lui dit : “ Pour un lapin
votre chat est vendu. ”

Le temps des cerises

1.

Quand nous chanterons le temps des cerises,
Et gai rossignol, et merle moqueur
Seront tous en fête !
Les belles auront la folie en tête
Et les amoureux, du soleil au cœur.
Quand nous chanterons le temps des cerises,
Sifflera bien mieux le merle moqueur !

2.

Mais il est bien court, le temps des cerises
Où l'on s'en va deux, cueillir en rêvant
Des pendants d'oreilles. ..
Cerises d'amour aux robes pareilles,
Tombant sous Ia feuille en gouttes de sang...
Mais il est bien court, le temps des cerises
Pendants de corail qu'on cueilIe en rêvant !

3.

Quand vous en serez au temps des cerises
Si vous avez peur des chagrins d'amour,
Evitez Ies belles.
Moi qui ne crains pas les peines cruelles,
Je ne vivrai point sans souffrir un jour...
Quand vous en serez au temps des cerises
Vous aurez aussi des peines d'amour !

4.

J'aimerai toujours le temps des cerises
C'est de ce temps-là que je garde au cœur
Une plaie-ouverte. . .
Et dame Fortune en m'étant offert
Ne pourra jamais fermer ma douleur...
J'aimerai toujours le temps des cerises
Et le souvenir que je garde au cœur !

Malbrough s'en va-t-en guerre

2
Il reviendra z-à Pâques,
Mironton, mironton, mirontaine
Il reviendra z-à Pâques
Ou à la Trinité. (3 fois)
3
La Trinité se passe,
Mironton, mironton, mirontaine
La Trinité se passe,
Malbrough ne revient pas. (3 fois)
4
Madame à son tour monte,
Mironton, mironton, mirontaine
Madame à son tour monte,
Si haut qu'ell'peut monter. (3 fois)
5
Elle aperçoit son page,
Mironton, mironton, mirontaine
Elle aperçoit son page,
Tout de noir habillé. (3 fois)
6
Beau page ah! mon beau page,
Mironton, mironton, mirontaine
Beau page ah ! mon beau page
Quell'nouvelle. apportez? (3 fois).

7
Aux nouvelles que j'apporte,
Mironton, mironton, mirontaine
Aux nouvelles que j'apporte
Vos beaux yeux vont pleurer (3 fois).

8
Monsieur Malbrough est mort,
Mironton, mironton, mirontaine
Monsieur Malbfough est mort,
Est mort et enterré. (3 fois)

9
J'lai vu porter en terre,
Mironton, mironton, mirontaine
J'lai vu porter en terre,
Par quatre-z-officiers. (3 fois)

10
L'un ponait sa cuirasse,
Mironton, mironton, mirontaine
L'un portait sa cuirasse,
L'autre son bouclier. (3 fois)

11
L'un portait son grand sabre,
Mironton, mironton, mirontaine,
L'un portait son grand sabre,
L'autre ne portait rien. (3 fois)

12
On vit voler son âme,
Mironton, mironton, mirontaine,
On vit voler son âme,
A travers les lauriers. (3 fois)

13
La cérémonie faite,
Mironton, mironton, mirontaine,
La cérémonie faite,
Chacun s'en fut coucher. (3 fois)

Mon beau sapin

Mon beau sapin, roi des forêts,
Que j'aime ta verdure ! ! !
Quand, par l'hiver, bois et guérets
Sont dépouillés de leurs attraits,
Mon beau sapin, roi des forêts,
Tu gardes ta parure. . .

Toi que Noël planta chez nous
Au saint anniversaire,
Mon beau sapin, comme il est doux
De te voir briller parmi nous,
Toi que Noël planta chez nous,
Scintillant de lumière...

Mon beau sapin, tes verts sommets
Et leur fidèle ombrage,
De la foi qui ne ment jamais,
De la constance et de la paix,
Mon beau sapin tes verts sommets
M'offrent la douce image...

Ne pleure pas, Jeannette

1
Ne pleure pas, Jeannette,
TRA LA LA LA LA LA LA LA LA LA LA
Ne pleure pas , Jeannette ,
Nous te marierons. *(bis)*

2
Avec le fils d'un prince, TRA LA LA
Avec le fils d'un prince,
Ou celui d'un baron. *(bis)*

3
Je n'en veux pas d'un prince, *(bis)*
Encor'moins d'un baron. *(bis)*

4
Je veux mon ami Pierre, *(bis)*
Celui qu'est en prison. *(bis)*

5
Tu n'auras pas ton Pierre, *(bis)*
Nous le pendouillerons. *(bis)*

6
Si vous pendouillez Pierre, *(bis)*
Pendouillez-moi zavec . *(bis)*

7
Et l'on pendouilla Pierre , *(bis)*
Et la Jeannette avec. *(bis)*

Nous n'irons plus au bois

1
Nous n'irons plus au bois
Les lauriers sont coupés.
La belle que voilà ira les ramasser.
Entrez dans la danse,
Voyez comme on danse,
Sautez, dansez ,
Embrassez qui vous voudrez.

2
La belle que voilà ira les ramasser.
Mais les lauriers du bois,
Les lairons-nous couper ?...

3
Non, chacune à son tour
Ira les ramasser.

4
Si la cigale y dort
Il n'faut pas la blesser.

5
Le chant du rossignol
Viendra la réveiller.

6
Et aussi la fauvette
Avec son doux gosier.

7
Et Jeanne la bergère
Avec son blanc panier

8
Allant cueillir la fraise
Et la fleur d'églantier.

9
Cigale, ma cigale ,
Allons, il faut chanter.

10
Car les lauriers du bois
Sont déjà repoussés.

Sur le pont d'Avignon

Refrain

Sur le pont d'Avignon.
On y danse. On y danse.
Sur le pont d'Avignon
On y danse tout en rond.

Les beaux Messieurs font
comm'ça.

Les soldats font comm'ça
Et puis encore comm'ça.
Sur le pont. .. etc. . .

Et les bell'Dames comm'ça

Les vignerons comm'ça

Les jardiniers. etc..

On peut passer en revue toutes
les classes, les âges, les métiers...
Les belles madames font
comm'ça...
Les p 'tits enfants font comm 'ça
...
Les paysans font comm 'ça...
Les boulangers font comm 'ça...
etc.

Sur le pont du Nord

Su '1 'pont du Nord
un bal y est donné *(bis)*

Adèl 'demande
à sa mère d'y aller *(bis)*

" Non, non ma fill',
tu n'iras pas danser " *(bis)*

Mont'dans sa chambre
et se met à pleurer *(bis)*

Son frère arriv'
dans un bateau doré *(bis)*.

" Ma sœur, ma sœur
qu'as-tu donc à pleurer? " *(bis)*

" Maman n'veut pas
que j'aille au bal danser " *(bis)*

" Mets ta rob'blanche
et ta ceinture dorée " *(bis)*

Les v'là partis
dans le bateau doré *(bis)*

La premièr'danse,
Adèle a bien dansé *(bis)*

La deuxièm'dans'
le pied lui a glissé *(bis)*

La troisièm'dans'
le pont s'est écroulé *(bis)*

Toutes les cloch'
se mirent à sonner *(bis)*

La mèr'demand':
" Pourquoi donc tant sonner? "
(bis)

" C 'est pour Adèle
et votre fills aîné " *(bis)*

Voilà le sort
des enfants obstinés ! *(bis)*

Sur la route de Louviers

1
Sur la route de Louviers *(bis)*
Y avait un cantonnier *(bis)*
Et qui cassait *(bis)*
Des tas de cailloux *(bis)*
Et qui cassait des tas de cailloux
Pour mettr'su'l'passag'des roues.

2
Un'bell'dam'vint à passer *(bis)*
Dans un beau carross'doré *(bis)*
Et qui lui dit : *(bis)*
"pauv'cantonnier " *(bis)*
Et qui lui dit : " Pauv'cantonnier
Tu fais un fichu métief ! "

3
Le cantonnier lui répond : *(bis)*
Faut qu'j'nourrissions nos garçons *(bis)*
Car si j'roulions *(bis)*
Carross'comm'vous *(bis)*
Car si j'roulions carross'comme vous
Je n'casserions pas d'cailloux ! "

4
Cett'répons'se fait r'marquer *(bis)*
Par sa grand'simplicité *(bis)*
C'est c'qui prouv'que *(bis)*
Les malheureux, *(bis)*
C'est c'qui prouv'que les malheureux,
S'ils le sont, c'est malgré eux.

V'là le bon vent

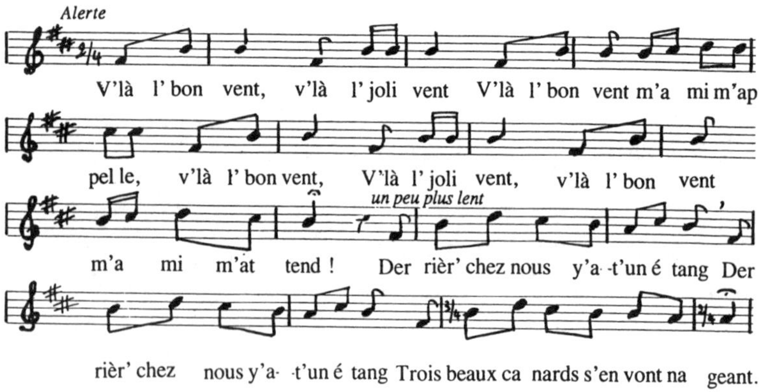

V'là l'bon vent, v'là l'j oli vent !
V'là l'bon vent, m'ami m'appel-le, V'là l'bon vent,
V'là l'j oli vent , v'là l'bon vent, m'ami m'attend !

1- Derrièr'chez nous y'a-t'un étang Trois beaux canards s'en vont nageant.

2- Trois beaux canards s'en vont en nageant
Le fils du roi s'en va chassant.

3- Le fils du roi s'en va chassant,
Avec son grand fusil d'argent.

4- Avec son grand fusil d'argent,
Visa le noir tua le blanc.

5- Visa le noir tua le blanc,
Oh ! fils du roi tu es méchant.

6- Oh ! fils du roi tu es méchant,
Tu as tué mon canard blanc.

7- Tu as tué mon canard blanc,
Par dessous l'aile il perd son sang.

8- Par dessous l'aiIe il perd son sang
Et par les yeux des diamants.

9- Et par les yeux des diamants
Et par le bec l'or et l'argent.

10- Et par le bec I'or et l'argent
Que ferons-nous de tant d'argent ?

11- Que ferons-nous de tant d'argent ?
Nous mettrons les fill's au couvent.

12- Nous mettrons les fill's au couvent
Et les garçons au régiment.

Chansons françaises de jadis : chansons de la mer

A La Rochelle est arrivé

1
A La Rochelle est arrivé
Roulez jeunes gens roulez
Trois beaux navires chargés de blé
Roulez roulez jeunes gens roulez

2
J'ai mis l'oiseau dans la cage
Mais l'oiseau s'est envolé

3
Trois dames s'en vont les marchander
Marin, marin, combien ton blé ?

4
Embarquez belle vous le saurez !
La plus belle eut le pied levé

5
Le capitaine s'est écrié :
Larguez devant larguez derrière

6
Larguez les focs les voiles d'étais !
La belle s'est mise à pleurer

7
Qu'avez-vous donc la belle à pleurer ?
Vous avez eu mon pucelage !

8
Vous avez eu mon pucelage
Mais je n'ai pas eu votre argent !

Chantons pour passer le temps

1

Chantons pour passer le temps
Les amours passées d'une belle fille
Chantons pour passer le temps
Les amours passées d'une fille de quinze ans.
Aussitôt qu'elle fut promise
Aussitôt elle changea de mise
Et prit l'habit de matelot
Et vint s'embarquer à bord du navire
Et prit l'habit de matelot
Et vint s'embarquer à bord du bateau.

2

Le capitaine du bâtiment
Etait enchanté d'un si beau jeune homme,
Le capitaine du bâtiment
Le fit appeler sur l'gaillard avant.
"Beau mat'lot, ton joli visage,
Tes cheveux et ton joli corsage
Me font toujours me souvenant
D'une jeune beauté que j'ai tant aimée,
Me font toujours me souvenant
D'une jeune beauté du port de Lorient."

3

"Mon capitaine, assurément,
Vous me badinez, vous me faites rire,
Je n'ai ni frère ni parent
Et ne suis pas né au port de Lorient.
Je suis né à la Martinique
Et même je suis enfant unique,
Et c'est un vaisseau hollandais
Qui m'a débarqué au port de Boulogne,
Et c'est un vaisseau hollandais
Qui m'a débarqué au port de Calais".

4

Ils ont bien vécu sept ans
Sur le même bateau sans se reconnaître,
Ils ont bien vécu sept ans,
Se sont reconnus au débarquement.
"Puisqu'enfin l'amour nous rassemble
Nous allons nous marier ensemble,
L'argent que nous avons gagné,
Il nous servira dans notre ménage,
L'argent que nous avons gagné,
Il nous servira dans notre ménage".

5

Celui qu'a fait cette chanson,
C'est le gars Camus, gabier de misaine,
Celui qu'a fait cette chanson,
C'est le gars Camus, gabier d'artimon.
Matelot, faut hisser d'la toile,
Au cabestan faut qu'tout l'monde y soye,
Et vire, et vire, vire donc,
Sans ça t'auras rien dedans ta gamelle,
Et vire, et vire, vire donc,
Sans ça t'auras pas d'vin dans ton bidon !

Le trente et un du mois d'août

Refrain

Buvons un coup, buvons en deux
A la santé des amoureux,
A la santé du Roi de France,
Et merde pour le Roi d'Angleterre
Qui nous a déclaré la guerre…

1

Le trente et un du mois d'Août,
Le trente et un du mois d'Août,
On vit venir sous l'vent à nous,
On vit venir sous l'vent à nous,
Une frégate d'Angleterre
Qui fendait la mer et les flots,
C'était pour attaquer Bordeaux…

2
Le commandant du bâtiment,
Le commandant du bâtiment,
Fit appeler son lieutenant,
Fit appeler son lieutenant :
“Lieutenant, te sens-tu capable,
Dis-moi, te sens-tu assez fort
Pour prendre l’Anglais à son bord ?”
3
Le lieutenant, fier z’et hardi,
Le lieutenant, fier z’et hardi,
Lui répondit : “Capitaine, z’oui”,
Lui répondit : “Capitaine, z’oui”,
Faites branlebas à l’équipage,
Je vas hisser not’ pavillon
Qui rest’ra haut, nous le jurons!!!
4
Le maître donne un coup d’sifflet,
Le maître donne un coup d’sifflet,
Pour faire monter les deux bordées,
Pour faire monter les deux bordées,
Tout est paré pour l’abordage,
Hardi gabiers, fiers matelots,
Braves canonniers, mousses petiots !
5
Vire lof pour lof en arrivant,
Vire lof pour lof en arrivant,
Je l’abordions par son avant,
Je l’abordions par son avant
A coups de haches et de grenades,
De piques, de sabres, de mousquetons,
En trois cinq sec, je l’arrimions !
6
Que dira-t-on du grand rafiot,
Que dira-t-on du grand rafiot,
A Brest, à Londres et à Bordeaux,
A Brest, à Londres et à Bordeaux,
Qu’a laissé prendre son équipage
Par un corsaire de dix canons,
Lui qu’en avait trente et si bons ! ! !

Les gars de La Rochelle

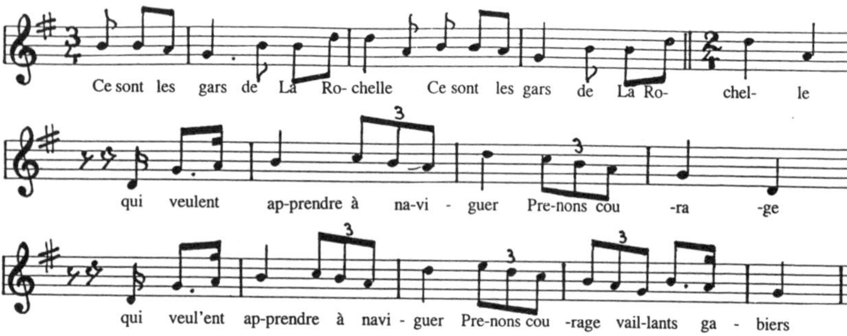

1
Ce sont les gars de La Rochelle,
Ce sont les gars de La Rochelle,
Qui veulent apprendre à navi-
guer,
Prenons courage,
Qui veulent apprendre à navi-
guer,
Prenons courage, vaillants
gabiers ! ! !

2
Au bout de cinq à six semaines,
Au bout de cinq à six semaines,
Le pain, le vin leur a manqué,
Prenons courage,
Le pain, le vin leur a manqué,
Prenons courage, vaillants
gabiers ! ! !

3
Faut-il manger le petit mousse,
Faut-il manger le petit mousse ?
Sa chair est tendre et bien dorée,
Prenons courage,
Sa chair est tendre et bien dorée,
Prenons courage, vaillants
gabiers ! ! !

4
Le mousse grimpa dans les cor-
dages,
Le mousse grimpa dans les cor-
dages,
A la grand'vergue il est monté,
Prenons courage,
A la grand'vergue il est monté,
Prenons courage, vaillants
gabiers ! ! !

5
Attendez, mes amis, mes frères,
Attendez, mes amis, mes frères.
La terre est à proximité,
Prenons courage,
La terre est à proximité,
Prenons courage, vaillants
gabiers ! ! !

6
Je vois des moutons dans la plaine,
Je vois des moutons dans la plaine,
Une bergère à les garder,
Prenons courage,
Une bergère à les garder,
Prenons courage, vaillants
gabiers ! ! !

Brave marin

1
Brave marin revient de guerre
Tout doux…
Brave marin revient de guerre
Tout doux…
Tout mal chaussé, tout mal vêtu,
Brave marin, d'où reviens-tu,
Tout doux…

2
Madame, je reviens de guerre,
Tout doux…
Madame, je reviens de guerre,
Tout doux…
Apportez vite du vin blanc,
Que le marin boive en passant,
Tout doux…

3
Brave marin se met à boire,
Tout doux…
Brave marin se met à boire,
Tout doux…
Se met à boire et à chanter,
La belle hôtesse soupirait
Tout doux…

4
Ah ! Dites-moi, la belle hôtesse,
Tout doux…
Ah ! Dites-moi, la belle hôtesse,
Tout doux…
Regrettez-vous votre vin blanc
Que le marin boit en passant ?
Tout doux…

5
C'n'est pas mon vin que je regrette,
Tout doux…
C'n'est pas mon vin que je regrette,
Tout doux…
Mais c'est la mort de mon mari,
Monsieur, vous ressemblez à lui,
Tout doux…

6
Ah ! Dites-moi, la belle hôtesse,
Tout doux…
Ah ! Dites-moi, la belle hôtesse,
Tout doux…

Vous aviez de lui trois enfants,
Et j'en vois quatre maintenant,
Tout doux…

7
On m'a écrit de ses nouvelles,
Tout doux…
On m'a écrit de ses nouvelles,
Tout doux…
Qu'il était mort et enterré,
Que je me suis remariée,
Tout doux…

8
Brave marin vide son verre,
Tout doux…
Brave marin vide son verre,
Tout doux…
Sans remercier, tout en pleurant,
S'en retourne à son bâtiment,
Tout doux…

La Danaë

Refrain
Larguez les ris
Dans les bass' voiles
C'était la Danaë
Larguez les ris Dans les huniers…

1
L'était une frégate, lon, la,
L'était une frégate,
C'était la Danaé…

2
A son premier voyage, lon, la,
A son premier voyage
La frégate a sombré

3
Seul de tout l'équipage, lon, la,
Seul de tout l'équipage
Un gabier s'est sauvé

4
Il aborde une plage, lon, la,
Il aborde une plage
Il savait bien nager

5
Mais là sur le rivage, lon, la,
Mais là sur le rivage
Une belle éplorée

6
Pourquoi pleurer, la belle, lon, la,
Pourquoi pleurer, la belle,
Pourquoi si tant pleurer ?

7
Je pleure mon avantage, lon, la,
Je pleure mon avantage
Dans la mer est tombé…

8
Qu'aurai-je donc, la belle, lon, la,
Qu'aurai-je donc, la belle,
Si je vais le chercher ?

9
Vous en ferai offrande, lon, la,
Vous en ferai offrande
Avec mon amitié…

10
A la première plonge, lon, la,
A la première plonge
Gabier n'a rien trouvé…

11
A la centième plonge, lon, la,
A la centième plonge
Le pauvre s'est noyé…

12
Car jamais avantage, lon, la,
Car jamais avantage
Perdu n'est retrouvé…

Les trois marins de Groix

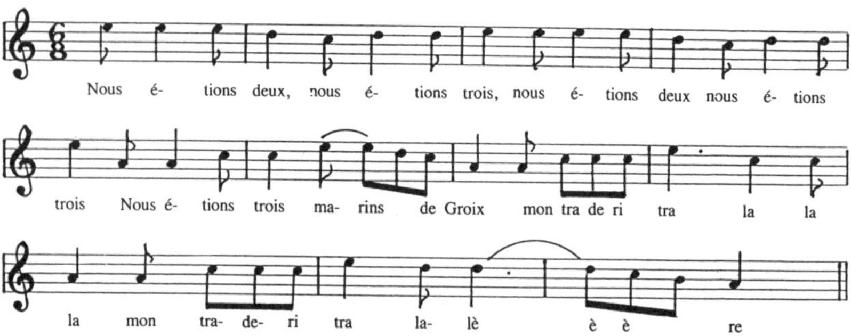

1
Nous étions deux, nous étions trois
Nous étions deux, nous étions trois
Nous étions trois marins de Groix !
Mon tra déritra la la la
Mon tra déritra la lè è è re.

2
Mon matelot, le mousse et moi
Mon matelot, le mousse et moi
Embarqués sur le Saint-François.
Mon tra déritra la la la
Mon tra déritra la lè è è re.

3
Vint à venter grains de noroît
Vint à venter grains de noroît
A faire céder notre mât !
Mon tra déritra la la la
Mon tra déritra la lè è è re.

4
Jean-Pierre, dis-je, matelot !
Jean-Pierre, dis-je, matelot !
Serrer d'la toile qu'il nous faut.
Mon tra déritra la la la
Mon tra déritra la lè è è re.

5
Ce failli temps mollira pas
Ce failli temps mollira pas
Je prends la barr' vas-y mon gas.
Mon tra déritra la la la
Mon tra déritra la lè è è re.

6
Il est allé pour prendr' un ris
Il est allé pour prendr' un ris
Un coup de mer l'aura surpris.
Mon tra déritra la la la
Mon tra déritra la lè è é re.

7
Au jour j'ai revu son sabot
Au jour j'ai revu son sabot
Il flottait seul là-bas sur l'eau.
Mon ira déritra la la la
Mon tra déritra la lè è è re.

8
Il n'a laissé sur not' bateau
Il n'a laissé sur not' bateau
Qu'un vieux bonnet et son couteau.
Mon tra déritra la la la
Mon tra déritra la lè è è re.

9
Plaignez d'mon pauvre matelot
Plaignez d'mon pauvre matelot
Sa femme avec ses trois petiots.
Mon tra déritra la la la
Mon tra déritra la lè è è re.

Nous irons à Valparaiso

1

Hardi les gars, vire au guindeau,
Good bye farewell ! Good bye farewell !
Hardi les gars, adieu Bordeaux !
Hourrah ! Ho Mexico ! Ho ! Ho ! Ho !
Au Cap Horn il ne fera pas chaud
Haul away Hé ! Ou la tchalez !
A faire la pêche au cachalot
Hale, matelot ! Hé ! Ho ! Hisse ! Hé ! Ho !

2

Plus d'un y laissera sa peau,
Good bye farewell ! Good bye farewell !
Adieu misère, adieu bateau !
Hourrah ! Ho Mexico ! Ho ! Ho ! Ho !
Puis nous irons à Valparaiso
Haul away Hé ! Ou la tchalez !
Où d'autres laisseront leur os !
Hale, matelot ! Hé ! Ho ! Hisse ! Hé ! Ho !

3

Ceux qui r'viendront, pavillon haut,
Good bye farewell ! Good bye farewell !
C'est premier brin de matelot !
Hourrah ! Ho Mexico ! Ho ! Ho ! Ho !
Pour la bordée ils seront à flot
Haul away Hé ! Ou la tchalez !
Bons pour le rack, la fille, le couteau !
Hale, matelot ! Hé ! Ho ! Hisse ! Hé ! Ho !

Jean-François de Nantes

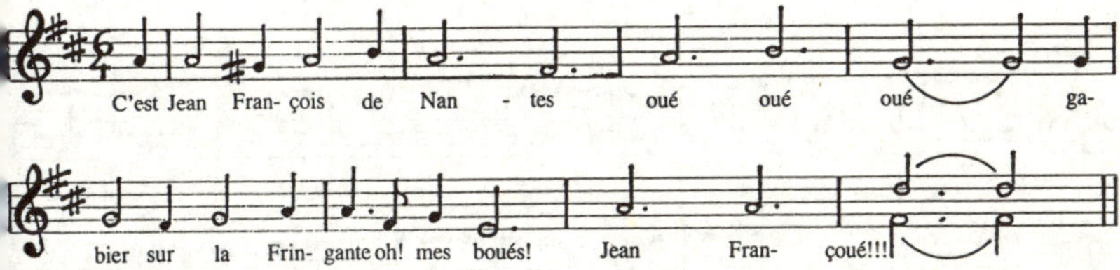

1
C'est Jean-François de Nantes
Oué, oué, oué,
Gabier sur la Fringante
Oh ! mes boués !
Jean-François ! ! !

2
Débarque en fin d'campagne
Oué, oué, oué,
Fier comme un Roi d'Espagne
Oh ! mes boués !
Jean-François ! ! !

3
En vrac dedans sa bourse
Oué, oué, oué,
Il a vingt mois de course
Oh ! mes boués !
Jean-François ! ! !

4
Une montre, une chaîne,
Oué, oué, oué,
Du poids d'une baleine
Oh ! mes boués !
Jean-François ! ! !

5
Et vide la bouteille
Oué, oué, oué,
Tout son or appareille
Oh ! mes boués !
Jean-François ! ! !

6
Montre et chaîne s'envolent
Oué, oué, oué,
Attrape la rougeole
Oh ! mes boués !
Jean-François ! ! !

7
A l'hôpital de Nantes
Oué, oué, oué,
Jean-François se lamente
Oh ! mes boués !
Jean-François ! ! !

8
Pauv' Jean-François de Nantes
Oué, oué, oué,
Gabier sur la Fringante
Oh ! mes boués !
Jean-François ! ! !

Il était un petit navire

Refrain

Oh ! Eh ! Oh ! Eh ! Matelot !
Matelot navigue sur les flots…
Oh ! Eh ! Oh ! Eh ! Matelot !
Matelot navigue sur les flots…

1

Il était un petit navire,
Il était un petit navire
Qui n'avait ja ja jamais navigué,
Qui n'avait ja ja jamais navigué,
Oh ! Eh ! Oh ! Eh !

2

Au bout de cinq à six semaines,
Au bout de cinq à six semaines,
Les vivres vinr', vinr', vinrent à manquer,
Les vivres vinr', vinr', vinrent à manquer, Oh ! Eh ! Oh ! Eh !

3

On tira z'à la courte paille,
On tira z'à la courte paille
Pour savoir qui qui qui serait mangé,
Pour savoir qui qui qui serait mangé, Oh ! Eh ! Oh ! Eh !

4
Le sort tomba sur le plus jeune,
Le sort tomba sur le plus jeune,
Le mousse qui qui se mit à pleu-
rer,
Le mousse qui qui se mit à pleu-
rer, Oh ! Eh ! Oh ! Eh !

5
O Sainte Vierge, ô ma Patronne !
O Sainte Vierge, ô ma Patronne !
Je vous en prie, de moi ayez pitié,
Je vous en prie, de moi ayez pitié,
Oh ! Eh ! Oh ! Eh !

6
Sur le pont du petit navire,
Sur le pont du petit navire,
Des poissons pleuv', pleuv', pleu
vent par milliers,
Des poissons pleuv', pleuv', pleu-
vent par milliers, Oh ! Eh ! Oh !
Eh !

7
C'est ainsi que le petit mousse,
C'est ainsi que le petit mousse,
Par un grand mi miracle fut sauvé,
Par un grand mi miracle fut sauvé,
Oh ! Eh ! Oh ! Eh !

8
Si vous aimez bien cette histoire,
Si vous aimez bien cette histoire,
Nous allons la la la recommencer,
Nous allons la la la recommencer,
Oh ! Eh ! Oh ! Eh !

Le forban

Refrain

Vins qui pétillent,
Femmes gentilles
Sous des baisers brûlant d'amour…
Plaisirs, batailles,
Vive la canaille,
Je bois, je chante, et je tue tour à tour…

Coda

Trala la la
Trala la la
Trala la la la la la la la la

1

A moi, forban, que m'importent la gloire,
Les lois du monde, et qu'importe la mort...
Sur l'océan j'ai planté ma victoire
Et bois mon vin dans une coupe d'or...
Vivre d'orgie, c'est ma seule espérance,
Le seul bonheur que j'ai pu conquérir,
Si sur les flots j'ai passé mon enfance,
C'est sur les flots qu'un forban doit mourir.

2

Peut-être au mât d'une barque étrangère
Mon corps un jour servira d'étendard
Et tout mon sang rougira la galère...
Aujourd'hui fête, et demain le bazar,
Allons, esclave, allons, debout, mon brave,
Buvons le vin et la vie à grand pot,
Aujourd'hui fête, et puis demain peut-être
Ma tête ira s'engloutir dans les flots...

3

Peut-être un jour, par un coup de fortune,
Je saisirai l'or d'un beau galion...
Riche à pouvoir vous acheter la lune
Je m'en irai vers d'autres horizons...
Là, respecté tout comme un gentilhomme,
Moi qui ne suis qu'un forban, qu'un bandit,
Je pourrai comme le fils d'un roi, tout comme,
Mourir peut-être dedans un bon lit...

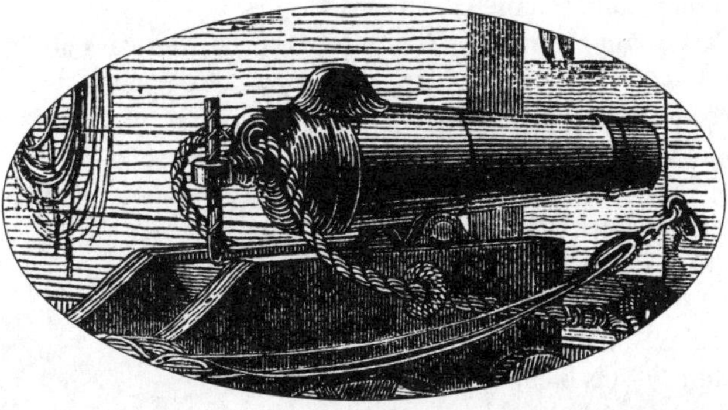

Nous étions trois marins

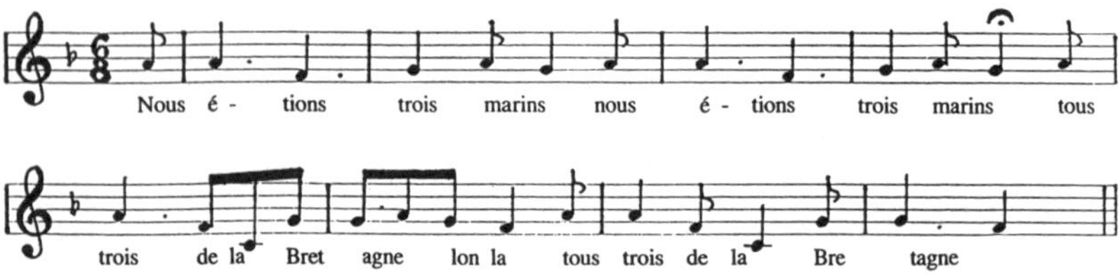

1
Nous étions trois marins
Nous étions trois marins (bis)
Tous trois natifs de Nantes lanla
Tous trois natifs de Nantes bis)

2
Nous nous sommes embarqués
Pour les côtes d'Angleterre

3
La mer était mauvaise
Les vents étaient contraire

4
Ils nous ont rejetés
Sur les côtes de Cornouaille

5
Près d'un moulin à vent
Nous avons fait naufrage

6
Dans ce moulin l'y a
Trois jeunes demoiselles

7
La plus jeune des trois
Nous fit la révérence

8
Sitôt qu'elle m'a vu
M'a dit : "je suis bien aise !"

9
Je lui ai demandé :
"D'où vient la connaissance ?"

10
"Ne te souviens-tu pas
De la ville de Nantes !"

11
A Nantes et au marché
A choisir des bagues

12
Bagues d'or et d'argent
Parlant de mariage

13
Marions-nous tous deux
Mettons-nous en ménage !

14
Nous coucherons dans un lit carré
Tout gréé de dentelles

15
Aux quatre coins du lit
Il y a quatre pommes d'oranges

16
Mais dans le milieu du lit
Le rossignol y chante !

Pique la baleine

Refrain
Pique la baleine, joli baleinier,
Pique la baleine, je veux naviguer…

1
Pour retrouver ma douce amie,
Oh ! mes boués ! Hou la ! Hou la la la !

2
Sur mille mers j'ai navigué,
Oh ! mes boués ! Hou la ! Hou la la la !

3
Des mers du Nord aux mers du Sud
Oh ! mes boués ! Hou la ! Hou la la la !

4
Je l'ai r'trouvée quand j'm'ai noyé,
Oh ! mes boués ! Hou la ! Hou la la la !

Le «Grand Coureur»

Refrain
Allons, les gars, gai ! gai !
Allons, les gars, gaiement !

1
Le corsaire "Le Grand Coureur"
Est un navire de malheur.
Quand il s'en va en croisière
Pour aller chassez l'Anglais,
Le vent, la mer et la guerre
Tournent contre le Français…

2
Il est parti de Lorient
Avec mer belle et bon vent,
Il cinglait babord amure,
Naviguant comme un poisson
Un grain tombe sur sa mâture
Voilà l'corsaire en ponton ! ! !

3
Il nous fallut remâter
Et vivement relinguer
Tandis que l'ouvrage avance
On signale par tribord
Un navire d'apparence
A mantelets de sabords

4
C'était un Anglais vraiment
A double rangée de dents,
Un marchand de mort subite
Mais le Français n'a pas peur
Au lieu de brasser en fuite
Nous le rangeons à l'honneur.

5
Les boulets pleuvent sur nous
Nous lui rendons coup pour coup
Pendant que la barbe en fume
A nos braves matelots
Dans un gros bouchon de brume
Il nous échappe aussitôt

6
Nos prises au bout de six mois
Ne se sont montées qu'à trois
Un navire plein de patates
Plus qu'à moitié chaviré
Un deuxième plein de savates,
Un autre de viande avariée

7
Pour nous refaire des combats
Nous avions à nos repas
Des gourganes et du lard rance
Du vinaigre au lieu de vin
Des biscuits pourris d'avance
Et du camphre le matin

8
Si l'histoire du "Grand Coureur"
A su vous toucher le cœur
Faites-nous bonne manière
Et versez-nous largement
Du vin, du rhum, de la bière,
Et nous serons tous contents…

Passant par Paris

1

Passant par Paris
Vidant la bouteille
Un de mes amis
Me dit à l'oreille :
Bon ! bon ! bon !
Le bon vin m'endort
L'amour me réveille
Le bon vin m'endort
L'amour me réveille encor' !

2

Un de mes amis
Me dit à l'oreille :
Jean, prends garde à toi
L'on courtis' ta belle.
Bon ! bon ! Bon !
Le bon vin m'endort
L'amour me réveille
Le bon vin m'endort
L'amour me réveille encor' !

3

Jean, prends garde à toi
L'on courtise ta belle.
Courtise qui voudra
Je me fous bien d'elle !
Bon ! bon ! bon !
Le bon vin m'endort
L'amour me réveille
Le bon vin m'endort
L'amour me réveille encor' !

4

Courtise qui voudra
Je me fons bien d'elle
J'ai eu de son cœur
La fleur la plus belle.
Bon ! bon ! bon !
Le bon vin m'endort
L'amour me réveille
Le bon vin m'endort
L'amour me réveille encor' !

5
J'ai eu de son cœur
La fleur la plus belle
Dans un grand lit blanc
Gréé de dentelles
Bon ! bon ! bon !
Le bon vin m'endort
L'amour me réveille
Le bon vin m'endort
L'amour me réveille encor' !

6
Dans un grand lit blanc
Gréé de dentelles
J'ai eu trois garçons
Tous trois garçons
Bon ! bon ! bon !
Le bon vin m'endort
L'amour me réveille
Le bon vin m'endort
L'amour me reveille encor'

7
J'ai eu trois garçons
Tous trois capitaines
L'un est à Bordeaux
L'autre à La Rochelle.
Bon ! bon ! bon !
Le bon vin m'endort
L'amour me réveille
Le bon vin m'endort
L'amour me réveille encor'

8
L'un est à Bordeaux
L'autre à La Rochelle
Le plus jeune à Paris
Courtisant les belles.
Bon ! bon ! bon !
Le bon vin m'endort
L'amour me réveille
Le bon vin m'endort
L'amour me réveille encor' !

9
La plus jeune à Paris
Courtisant les belles
Et le père est ici
Qui hal' sur la ficelle.
Bon ! bon ! bon !
Le bon vin m'endort
L'amour me réveille
Le bon vin m'endort
L'amour me réveille encor' !

La complainte de Jean Quémeneur

Paroles de Henri ANSQUER

Musique : Folklore

1

Il s'appelait Jean Quemeneur
Il était l'fils d'une demi-sœur
De la fameuse Madame Larmeur,
La grande Hortense,
Celle qui tenait un caboulot
"Aux gars d'Dinard et d'Saint-Malo"
En face la Caserne du Dépôt
A Recouvrance…

2

Sa mère était une Kermarec
Vous savez bien, d'Lambezellec,
Une grosse sentant du bec,
Qui n'eut pas d'chance
Avec Jean, son premier mari,
Bon garçon, mais faible d'esprit,
Qui dans son grenier se pendit
A Recouvrance…

3

C'est par un'nuit qu'il vit le jour
Au 13 de la rue de la Tour,
Il faisait noir comme dans un four,
Et, pas de chance,
Avec ça un vrai temps d'canard,
D'la pluie, du vent et du brouillard,
Ce qui mit la sag'femme en r'tard
A Recouvrance…

4

Mais le malheur vint, qui l'eût cru !
Son père, un soir qu'il était bu,
Tomba sur la tête et mourut
Sans connaissance…
Et sa mère eut ce mot touchant :
Gast ! me voilà veuve à présent,
J'aurai plus d'père pour mon enfant
A Recouvrance…

5
Puis sa mère mourut à son tour
Toujours au 13 d'la rue d'la Tour,
Mais sa tante Yvonne Marc'hadour
Qu'avait d'l'aisance
Et du cœur autant que d'l'argent,
Jura, le soir de l'enterr'ment,
De veiller sur le pitit Jean
A Recouvrance…

6
Puis il grandit. Quand il fut grand,
Travailleur et intelligent,
Il voulut faire un vétéran,
Ici commence
L'Histoire de ses amours avec
Marie-Madeleine Poulaouec,
La nièce de Jean-François Cusec
A Recouvrance…

7
Elle était jolie comme un cœur,
Il l'épousa, fou de bonheur,
En notre Eglise de Saint-Sauveur,
Ah ! Quelle bombance ! ! !
Aussi qu'ell' gaieté, quel entrain
Jusqu'à trois heur', lend'main matin,
Dans les salons du P'tit Jardin
A Recouvrance…

8
Mais à cinq ou six jours de là
Cette drôlesse le trompa
Avec un Sigond Mait' Calfat
Plein de prestance,
Un Sergent Major, un Fourrier,
Un Commis du port, un Pompier,
Un Sergent d'Ville et tout l'quartier
A Recouvrance…

9
Pis v'là ti pas qu'à Kervalon,
Femme sans cœur et sans raison,
Ell' fit d'un Quartier Mait' Clairon
La connaissance…
Ils s'en allèr', bras d'ssous, bras d'ssus,
Au Pardon d'la Chapell' Jésus,
Depuis on n'les a plus revus
A Recouvrance…

10
Le pauvre Jean, pour oublier,
Se mit à boire, à s'arsouiller
Dans tous les bistrots du quartier,
A l'Espérance,
Au débit d'la mère Pouliquen,
Et même "Au retour du Tonkin"
On n'voyait qu'lui soir et matin
A Recouvrance…

11
Bref, un soir qu'il ventait très fort,
Roulant de Tribord à babord,
Il finit dans le fond du Port
Son existence
Ayant voulu, le pauvr' garçon,
Aidé de son ami Kerouanton,
Larguer l'amarre du pitit Pont
A Recouvrance…

Les filles de La Rochelle

Refrain
Ah ! la feuille s'envole, s'envole,
Ah ! la feuille s'envole au vent…

1
C'sont les filles de La Rochelle,
Qu'ont armé un bâtiment, qu'ont armé un bâtiment,
Pour aller faire la course
Aux Echelles du Levant…

2
La grand'vergue est en ivoire,
Les poulies en diamants, les poulies en diamants,
La grand'voile est en dentelle,
La misaine en satin blanc…

3
Les cordages du navire
Sont de fils d'or et d'argent, sont de fils d'or et d'argent,
Et la coque est en bois rouge
Travaillé fort joliment…

4
L'équipage du navire,
C'est tout filles de quinze ans, c'est tout filles de quinze ans…
Capitaine qui les commande
Est le roi des bons enfants…

5
Hier, faisant sa promenade
Dessus le gaillard d'avant, dessus le gaillard d'avant,
Aperçut une brunette
Qui pleurait dans les haubans…

6
Qu'avez-vous, jolie brunette,
Qu'avez-vous à pleurer tant, qu'avez-vous à pleurer tant ?
Av'vous perdu père et mère,
Ou quelqu'un de vos parents ?

7
J'ai perdu mon pucelage,
Qui s'en fut, la voile au vent, qui s'en fut, la voile au vent…
Il est parti, vent arrière,
Reviendra en louvoyant…

A Bordeaux

1
A Bordeaux viennent d'arriver,
Vivent les marins bons mariniers !
Trois beaux navires
Lon lire lire la !
Trois beaux navires chargés de blé.

2
Trois dames s'en furent les visiter,
Vivent les marins bons mariniers !
Marin, marchand,
Lon lire lire la !
Marin, marchand, combien ton blé ?

3
Entrez, mesdames, vous le verrez,
Vivent les marins bons mariniers !
Nous le vendons
Lon lire lire la !
Nous le vendons très bon marché.

4
La plus jeune a le cœur léger,
Vivent les marins bons mariniers !
Dedans la barque
Lon lire lire la !
Dedans la barque elle a sauté.

5
La barque au large s'en est allée,
Vivent les marins bons mariniers !
Arrête, Arrête, Lon lire lire la !
Arrête, arrête, beau marinier !

6
J'entends ma mère m'appeler,
Vivent les marins bons mariniers !
Et mes petits Lon lire lire la !
Et mes petits enfants pleurer…

7
Taisez-vous, la belle, vous mentez,
Vivent les marins, bons mariniers !
Jamais d'enfants
Lon lire lire la !
Jamais d'enfants n'avez portés…

8
S'il plaît à Dieu qu'vous en ayez,
Vivent les marins bons mariniers !
Ce s'ra un gars
Lon lire lire la !
Ce s'ra un garçon marinier !

9
A Bordeaux viennent de s'en aller
Vivent les marins bons mariniers !
Trois beaux navires
Lon lire lire la !
Trois beaux navires chargés de blé…

Table des matières

Chansons de la terre

Chansons de la mer